Impressum
Verlag: BABADADA GmbH, Nedderfeld 112 , 22529 Hamburg
Geschäftsführer / Verlagsleitung: Harald Hof
Druck: Books on Demand GmbH, In de Tarpen 42, 22848 Norderstedt

Imprint
Publisher: BABADADA GmbH, Nedderfeld 112 , 22529 Hamburg, Germany
Managing Director / Publishing direction: Harald Hof
Print: Books on Demand GmbH, In de Tarpen 42, 22848 Norderstedt

el colegio
skola

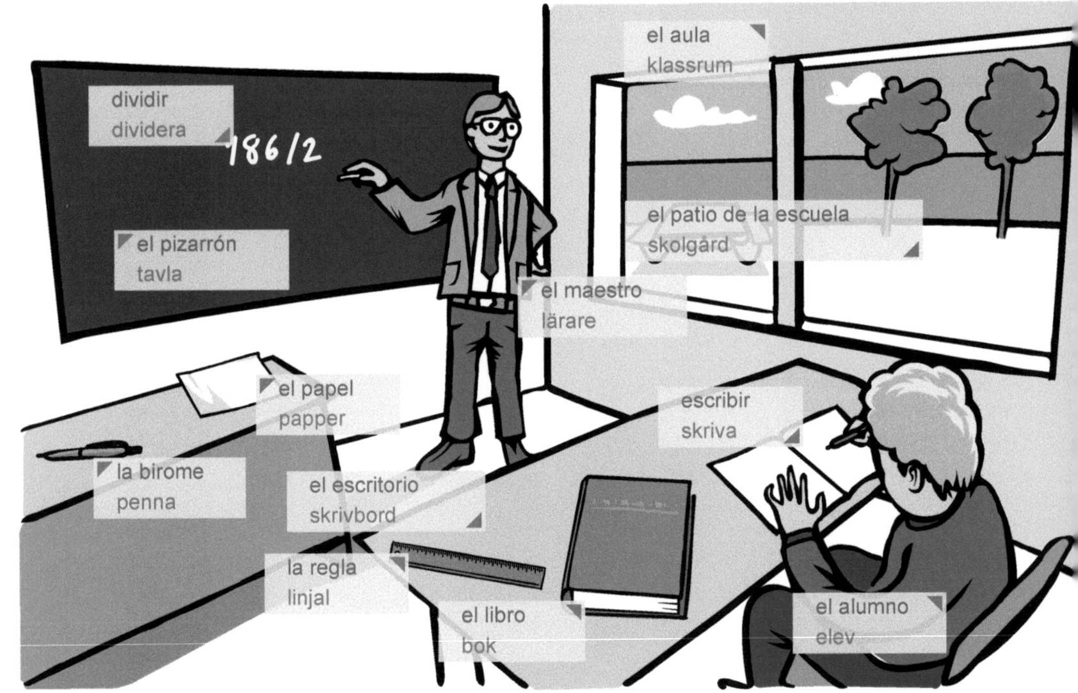
el aula
klassrum
dividir
dividera
186/2
el pizarrón
tavla
el patio de la escuela
skolgård
el maestro
lärare
el papel
papper
escribir
skriva
la birome
penna
el escritorio
skrivbord
la regla
linjal
el libro
bok
el alumno
elev

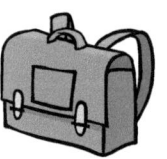

la mochila
skolväska

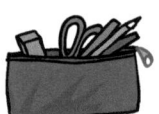

la caja de lápices
pennfodral

el lápiz
blyertspenna

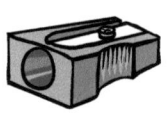

el sacapuntas
pennvässare

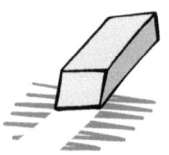

la goma (de borrar)
suddgummi

el bloc de dibujo
ritblock

el dibujo
teckning

el pincel
pensel

la caja de pinturas
málarláda

la tijera
sax

el pegamento
lim

el cuaderno de ejercicios
övningsbok

la tarea
hemläxa

12

el número
tal

2+2

sumar
addera

5-2

restar
subtrahera

2×2

multiplicar
multiplicera

calcular
räkna

A

la letra
bokstav

**ABCDEFG
HIJKLMN
OPQRSTU
VWXYZ**

el abecedario
alfabet

hello

la palabra
ord

el texto

text

leer

läsa

la tiza

krita

la lección

lektion

el cuaderno de clase

register

el examen

prov

el certificado

intyg

el uniforme escolar

skoluniform

la educación

utbildning

la enciclopedia

uppslagsverk

la universidad

universitet

el microscopio

mikroskop

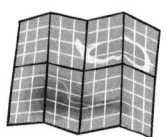

el mapa

karta

el tacho (de basura)

papperskorg

el viaje
resa

el hotel
hotell
Grand
el hostel
vandrarhem
ROOMS
la casa de cambio
växelkontor
EXCHANGE
la valija
resväska
el auto
bil

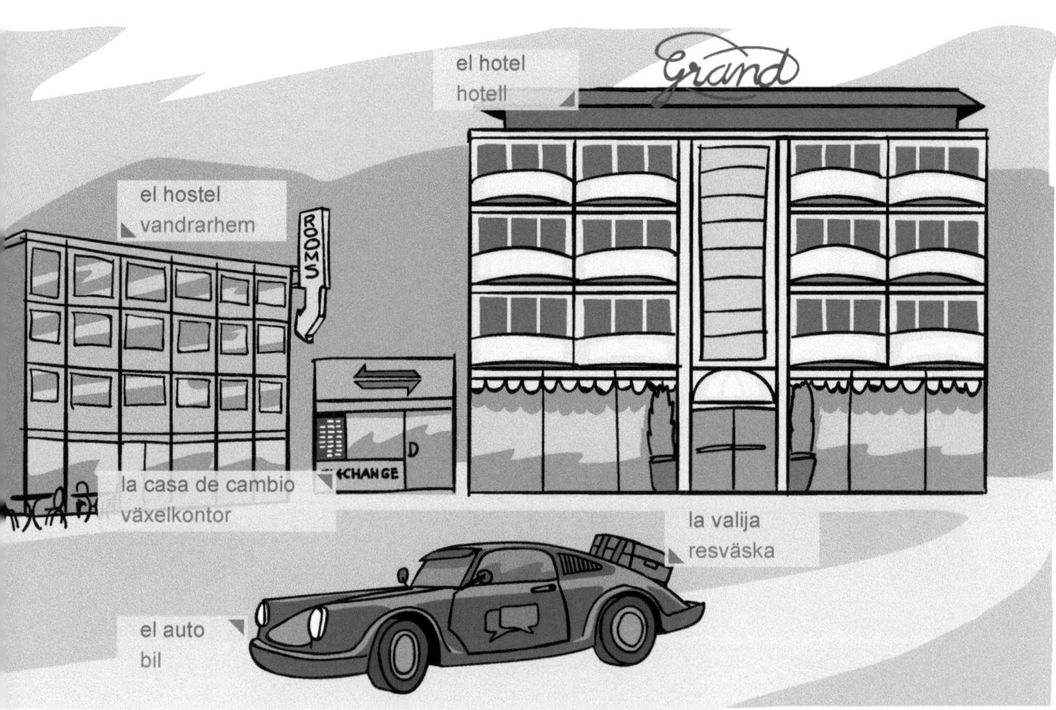

el idioma

språk

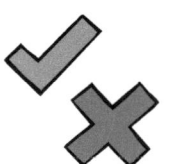

sí / no

ja / nej

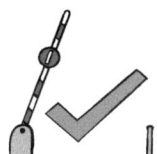

Está bien

Okay

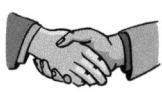

hola

hej

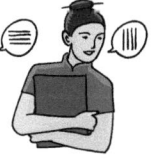

el traductor

översättare

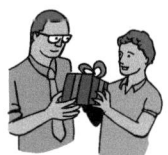

Gracias

Tack

¿cuánto cuesta...?

hur mycket kostar...?

No entiendo

jag förstår inte

el problema

problem

¡Buenas tardes!

God kväll!

¡Buenos días!

God morgon!

¡Buenas noches!

God natt!

el adiós

hejdå

la dirección

riktning

el equipaje

bagage

el bolso

väska

la mochila

ryggsäck

el invitado

gäst

la habitación

rum

la bolsa de dormir

sovsäck

la carpa

tält

la información turística

turistinformation

la playa

strand

la tarjeta de crédito

kreditkort

el desayuno

frukost

el almuerzo

lunch

la cena

middag

el pasaje

biljett

el ascensor

hiss

el sello

frimärke

la frontera

gräns

la aduana

tull

la embajada

ambassad

la visa

visum

el pasaporte

pass

el transporte
transport

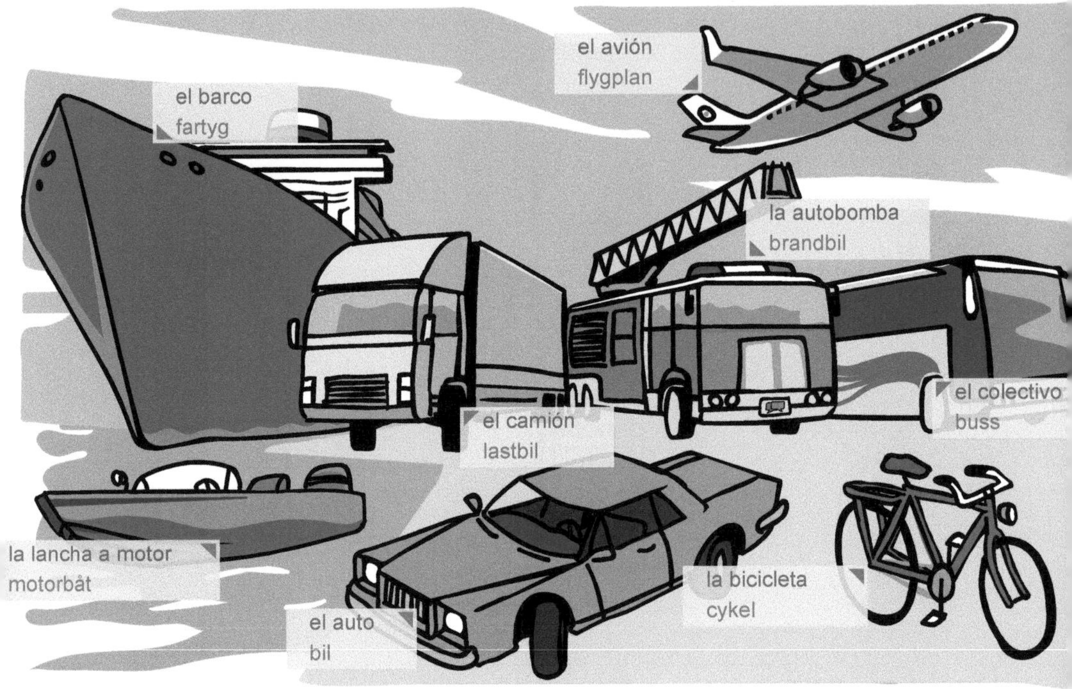

el avión
flygplan
el barco
fartyg
la autobomba
brandbil
el colectivo
buss
el camión
lastbil
la lancha a motor
motorbåt
la bicicleta
cykel
el auto
bil

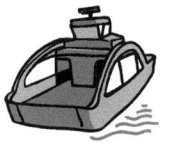

el ferry

färja

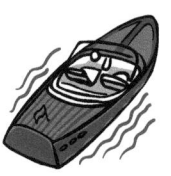

el bote

båt

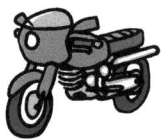

la moto

motorcykel

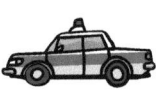

el patrullero

polisbil

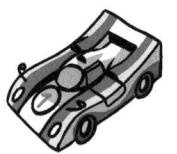

el auto de carreras

racerbil

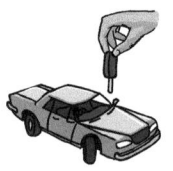

el auto de alquiler

hyrbil

el alquiler de autos

bilpool

la grúa

bärgningsbil

el camión de la basura

sopbil

el motor

motor

la nafta

bränsle

la estación de servicio

bensinstation

la señal de tránsito

vägmärke

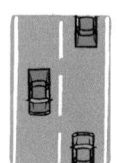

el tránsito

trafik

el embotellamiento

bilkö

el estacionamiento

parkeringsplats

la estación de tren

tågstation

las vías

räls

el tren

tåg

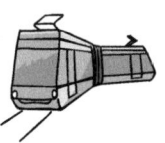

el tranvía

spårvagn

el vagón

vagn

el helicóptero

helikopter

el aeropuerto

flygplats

la torre

torn

el pasajero

passagerare

el contenedor

container

la caja de cartón

kartong

la carretilla

vagn

la canasta

korg

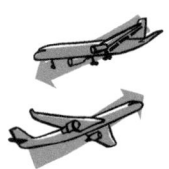

despegar / aterrizar

starta / landa

la ciudad

stad

el pueblo

by

el centro de la ciudad

centrum

la casa

hus

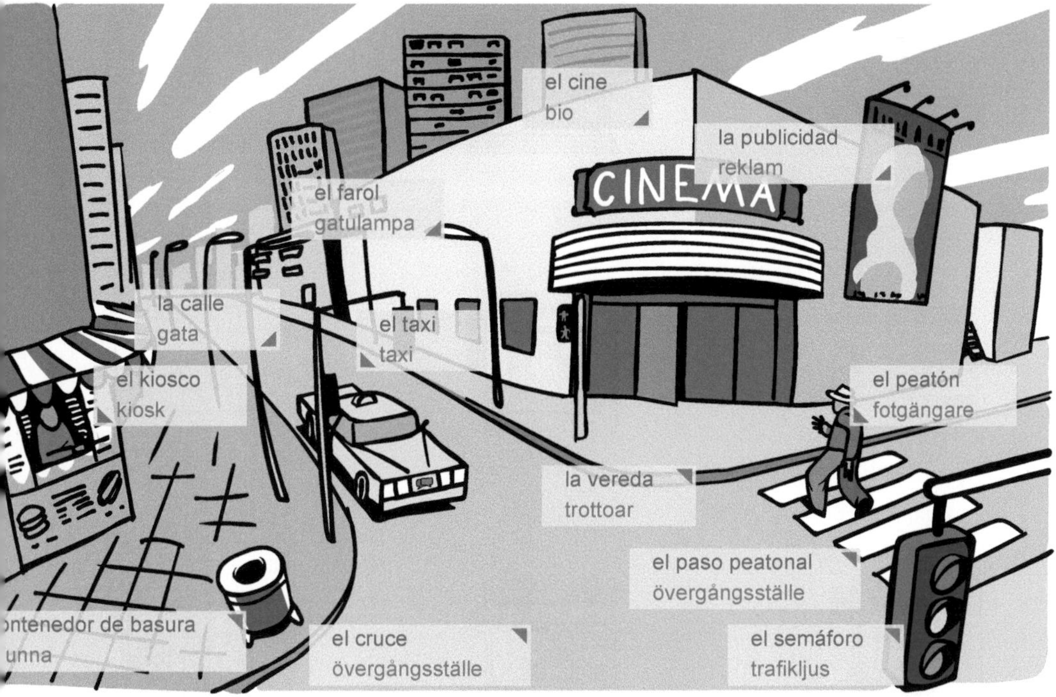

el cine
bio

la publicidad
reklam

el farol
gatulampa

CINEMA

la calle
gata

el taxi
taxi

el kiosco
kiosk

el peatón
fotgängare

la vereda
trottoar

el paso peatonal
övergångsställe

ontenedor de basura
unna

el cruce
övergångsställe

el semáforo
trafikljus

la cabaña
stuga

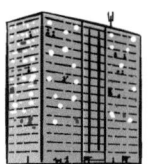

el departamento
lägenhet

la estación de tren
tågstation

la municipalidad
stadshus

el museo
museum

el colegio
skola

la universidad

universitet

el banco

bank

el hospital

sjukhus

el hotel

hotell

la farmacia

apotek

la oficina

kontor

la librería

bokhandel

el negocio

affär

la florería

blomsterbutik

el supermercado

stormarknad

el mercado

marknad

las grandes tiendas

varuhus

la pescadería

fiskhandlare

el centro comercial

köpcentrum

el puerto

hamn

el parque

park

el banco

bänk

el puente

brygga

las escaleras

trappa

el subte

tunnelbana

el túnel

tunnel

la parada del colectivo

busshållplats

el bar

bar

el restaurante

restaurang

el buzón

brevlåda

el letrero

gatuskylt

el parquímetro

parkeringsautomat

el zoológico

zoo

la pileta

simbassäng

la mezquita

moské

la granja
bondgård

la contaminación
förorening

el cementerio
kyrkogård

la iglesia
kyrka

los juegos infantiles
lekplats

el templo
tempel

el paisaje
landskap

la hoja
löv

el poste indicador
vägskylt

el camino
väg

la pradera
äng

la piedra
sten

el excursionista
liftare

el árbol
träd

el río
flod

la hierba
gräs

la flor
blomma

el valle
dal

la montaña
kulle

el lago
sjö

el bosque
skog

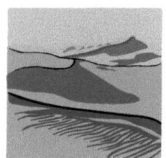

el desierto
öken

el volcán
vulkan

el castillo
slott

el arco iris
regnbåge

el champiñón
svamp

la palmera
palm

el mosquito
mygga

la mosca
fluga

la hormiga
myra

la abeja
bi

la araña
spindel

el escarabajo

skalbagge

la rana

groda

la ardilla

ekorre

el erizo

igelkott

la liebre

hare

la lechuza

uggla

el pájaro

fågel

el cisne

svan

el jabalí

vildsvin

el ciervo

rådjur

el alce

älg

la presa

damm

el aerogenerador

vindkraftverk

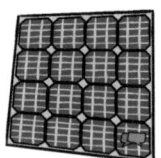

el panel solar

solcellspanel

el clima

klimat

el paisaje - landskap

el restaurante
restaurang

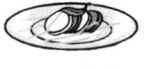

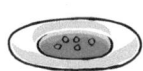

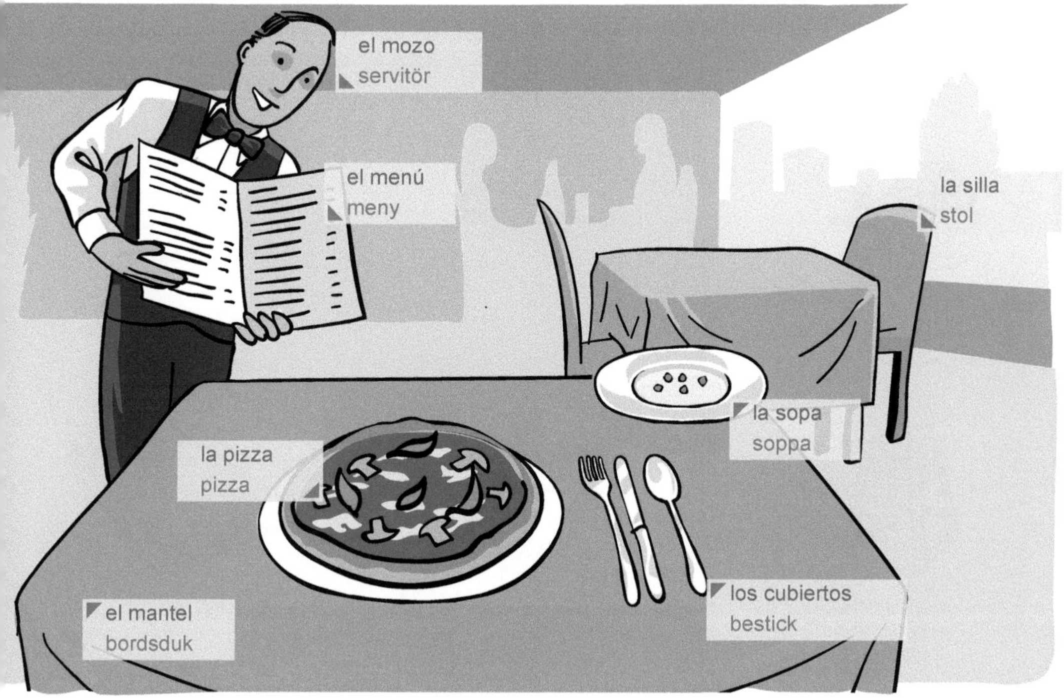
el mozo
servitör
el menú
meny
la silla
stol
la sopa
soppa
la pizza
pizza
el mantel
bordsduk
los cubiertos
bestick

la entrada

förrätt

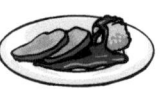

el plato principal

huvudrätt

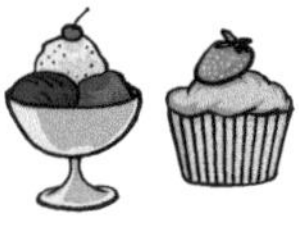

el postre

dessert

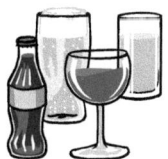

las bebidas

drycker

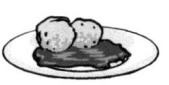

la comida

mat

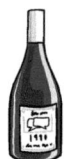

la botella

flaska

la comida rápida

snabbmat

la comida callejera

street food

la tetera

tekanna

la azucarera

sockerskål

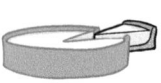

la porción

portion

la cafetera expreso

espressomaskin

la sillita alta

barnstol

la cuenta

räkning

la bandeja

bricka

el cuchillo

kniv

el tenedor

gaffel

la cuchara

sked

la cucharita

tesked

la servilleta

servett

el vaso

glas

el plato

tallrik

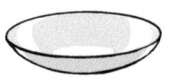

el plato hondo

sopptallrik

el plato

tefat

la salsa

sås

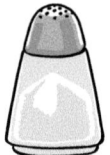

el salero

saltkar

el molinillo de pimienta

pepparkvarn

el vinagre

vinäger

el aceite

olja

las especias

kryddor

el kétchup

ketchup

la mostaza

senap

la mayonesa

majonnäs

el supermercado

stormarknad

la oferta especial
specialerbjudande
FOR
el cliente
kund
los lácteos
mejeriprodukter
la fruta
frukt
el changuito
varukorg

BUTCHERS

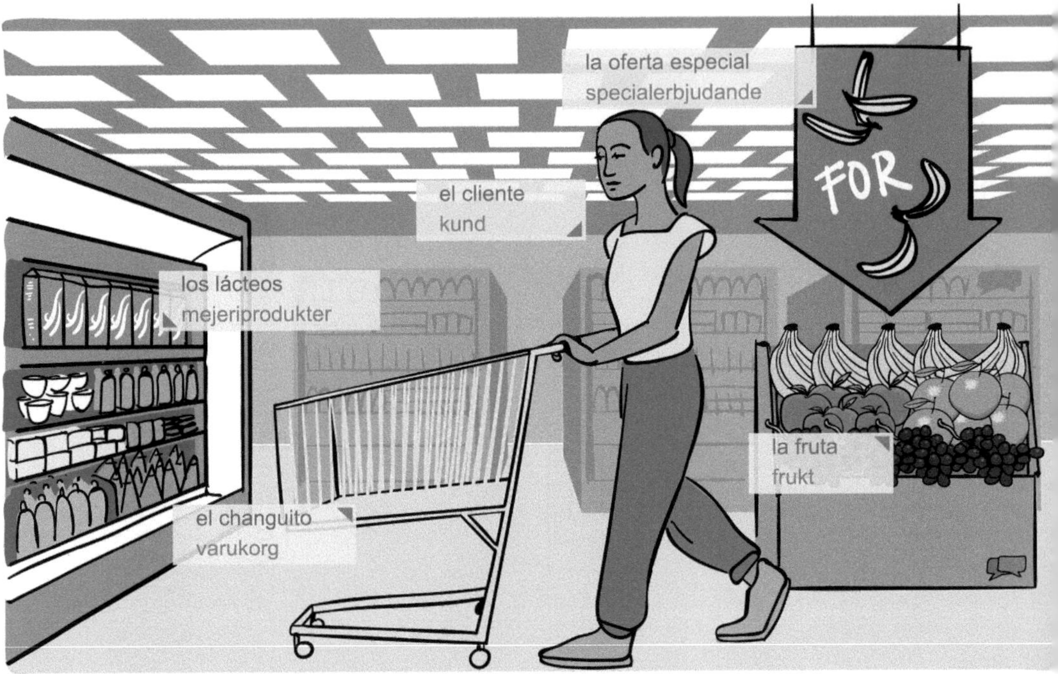

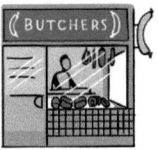

la carnicería

charkuteri

BAKERY

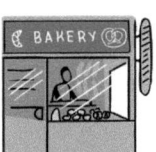

la panadería

bageri

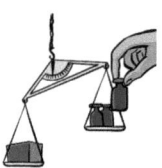

pesar

väga

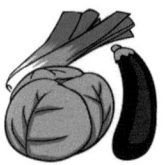

las verduras

grönsaker

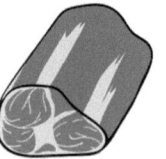

la carne

kött

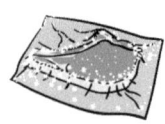

los alimentos congelados

frysta livsmedel

los fiambres

pålägg

los alimentos enlatados

konserver

el detergente en polvo

tvättmedel

las golosinas

godis

los electrodomésticos

hushållsprodukter

los productos de limpieza

rengöringsmedel

la vendedora

försäljare

la caja

kassa

el cajero

kassör

la lista de compras

inköpslista

el horario de atención

öppettider

la billetera

plånbok

la tarjeta de crédito

kreditkort

la cartera

väska

la bolsa de plástico

plastpåse

el agua

vatten

el jugo

juice

la leche

mjölk

la bebida cola

cola

el vino

vin

la cerveza

öl

el alcohol

alkohol

el cacao

kakao

el té

te

el café

kaffe

el café expreso

espresso

el cappuccino

cappuccino

la banana

banan

la manzana

äpple

la naranja

apelsin

el melón

melon

el limón

citron

la zanahoria

morot

el ajo

vitlök

el bambú

bambu

la cebolla

lök

el champiñón

svamp

las nueces

nötter

los fideos

nudlar

los tallarines

spaghetti

el arroz

ris

la ensalada

sallad

las papas fritas

pommes frites

las papas fritas

stekt potatis

la pizza

pizza

la hamburguesa

hamburgare

el sándwich

smörgås

el churrasco

schnitzel

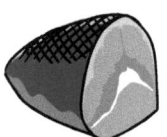

el jamón

skinka

el salame

salami

la salchicha

korv

el pollo

kyckling

el asado

stek

el pescado

fisk

los copos de avena

havregryn

el muesli

müsli

los copos de maíz

cornflakes

la harina

mjöl

la medialuna

croissant

el pancito

fralla

el pan

bröd

la tostada

rostat bröd

las galletitas

kex

la manteca

smör

la cuajada

kvarg

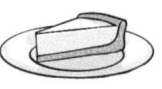

la torta

kaka

el huevo

ägg

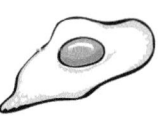

el huevo frito

stekt ägg

el queso

ost

el helado

glass

el azúcar

socker

la miel

honung

la mermelada

sylt

la pasta de chocolate

nougatkräm

el curry

curry

la granja
bondgård

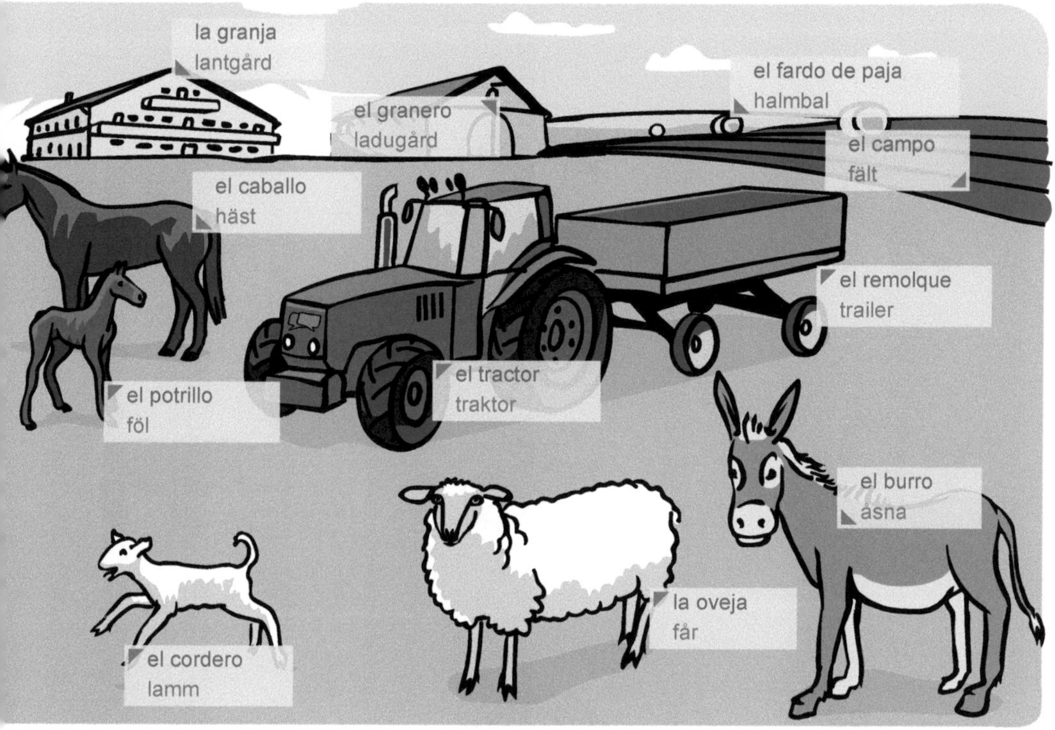
la granja
lantgård
el granero
ladugård
el fardo de paja
halmbal
el campo
fält
el caballo
häst
el remolque
trailer
el tractor
traktor
el potrillo
föl
el burro
åsna
la oveja
får
el cordero
lamm

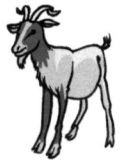

la cabra

get

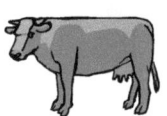

la vaca

ko

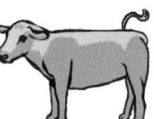

el ternero

kalv

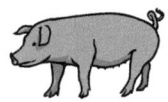

el cerdo

gris

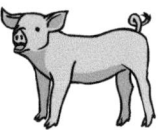

el lechón

griskulting

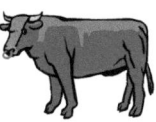

el toro

tjur

el ganso
gås

el pato
anka

el pollo
kyckling

la gallina
höna

el gallo
tupp

la rata
råtta

el gato
katt

el ratón
mus

el buey
oxe

el perro
hund

la cucha
hundkoja

la manguera
trädgårdsslang

la regadera
vattenkanna

la guadaña
lie

el arado
plog

la hoz

skära

la azada

hacka

la horquilla

högaffel

el hacha

yxa

la carretilla

skottkärra

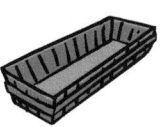

el abrevadero

tråg

la lechera

mjölkflaska

la bolsa

säck

la reja

staket

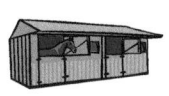

el establo

stall

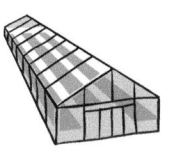

el invernadero

växthus

el suelo

jord

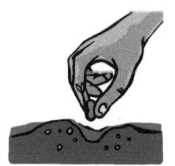

la semilla

säd

el fertilizador

gödsel

la cosechadora

skördetröska

la granja - bondgård

cosechar

skörda

la cosecha

skörd

las batatas

jams

el trigo

vete

la soja

soja

la papa

potatis

el maíz

majs

la semilla de colza

raps

el árbol frutal

fruktträd

la mandioca

maniok

los cereales

spannmål

la casa
hus

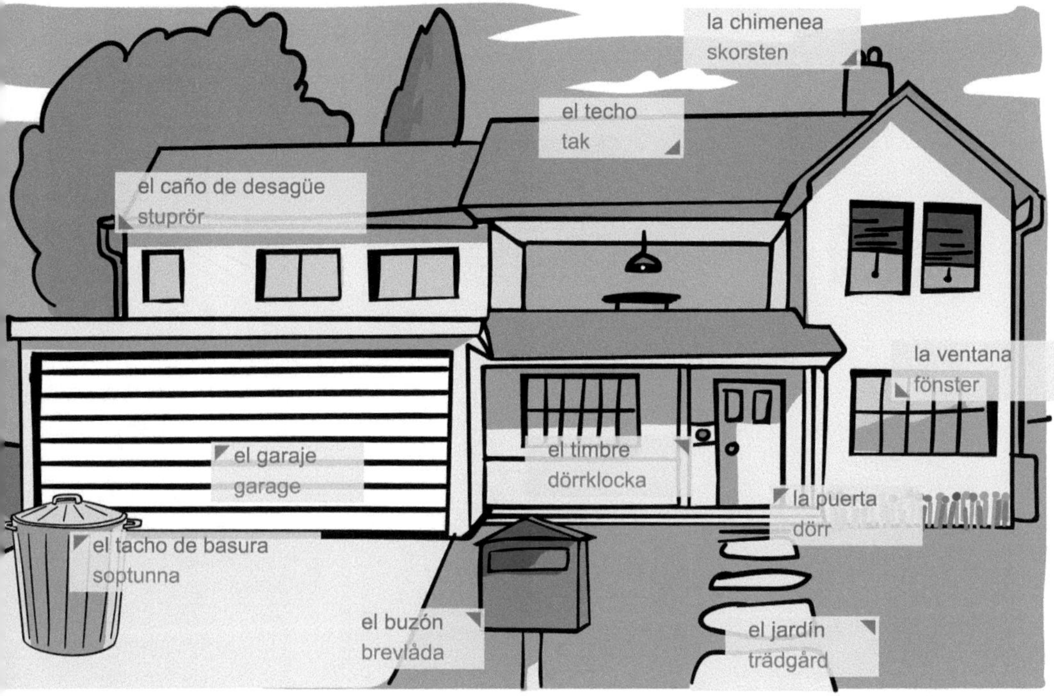
la chimenea
skorsten
el techo
tak
el caño de desagüe
stuprör
la ventana
fönster
el garaje
garage
el timbre
dörrklocka
la puerta
dörr
el tacho de basura
soptunna
el buzón
brevlåda
el jardín
trädgård

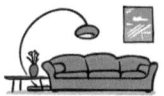

el living

vardagsrum

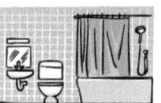

el baño

badrum

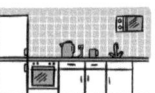

la cocina

kök

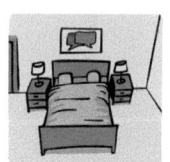

el dormitorio

sovrum

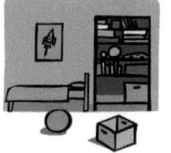

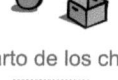

el cuarto de los chicos

barnrum

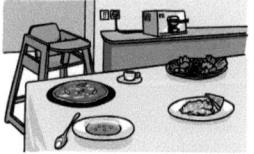

el comedor

matsal

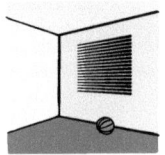

el piso

golv

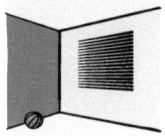

la pared

vägg

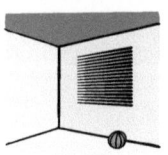

el cielorraso

tak

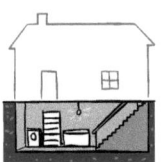

el sótano

källare

el sauna

bastu

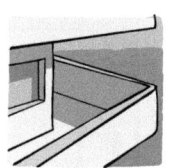

el balcón

balkong

la terraza

terrass

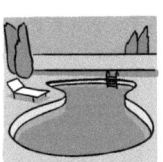

la pileta

bassäng

la cortadora de pasto

gräsklippare

la sábana

lakan

el acolchado

överkast

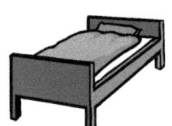

la cama

säng

la escoba

kvast

el balde

hink

el interruptor

strömbrytare

el living

vardagsrum

el empapelado
tapet
la imagen
bild
la lámpara
lampa
el estante
hylla
el armario
skåp
la televisión
TV
la chimenea
eldstad
la flor
blomma
el almohadón
kudde
el sofá
soffa
el florero
vas
el control remoto
fjärrkontroll

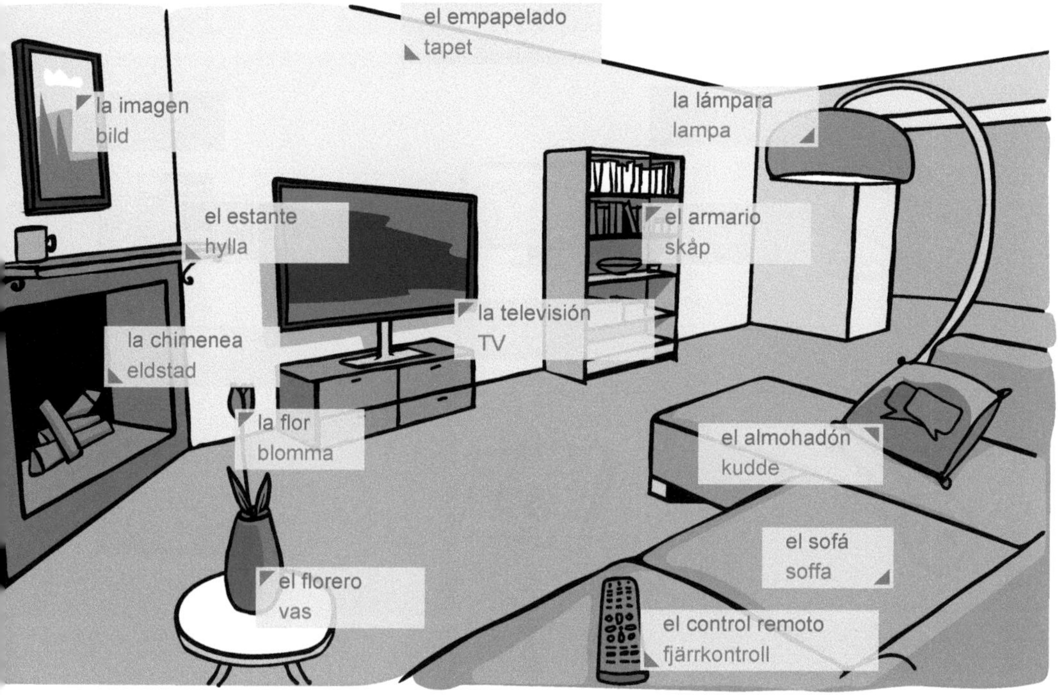

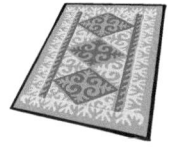

la alfombra

matta

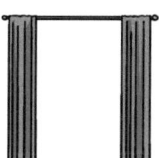

la cortina

gardin

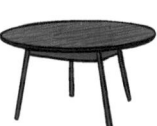

la mesa

bord

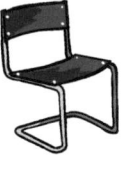

la silla

stol

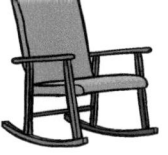

la mecedora

gungstol

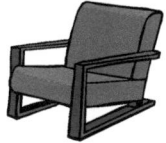

el sillón

fåtölj

el libro

bok

la frazada

filt

la decoración

dekoration

la leña

vedträ

la película

film

el equipo de música

stereoanläggning

la llave

nyckel

el diario

dagstidning

la pintura

målning

el póster

poster

la radio

radio

el cuaderno

anteckningsbok

la aspiradora

dammsugare

el cactus

kaktus

la vela

stearinljus

la cocina
kök

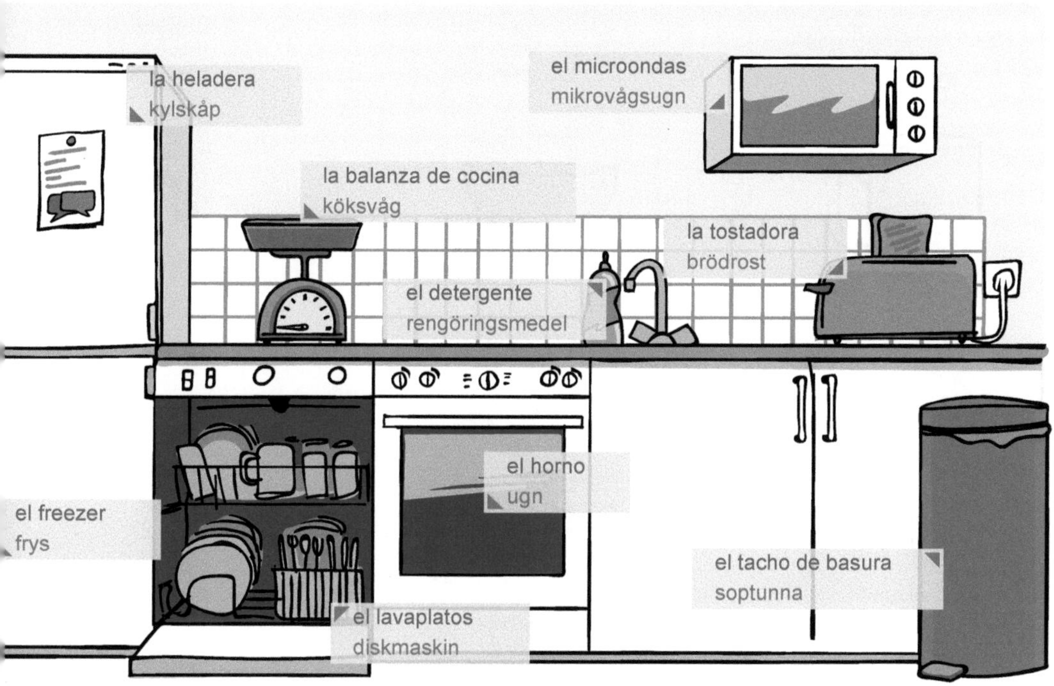
la heladera
kylskåp
el microondas
mikrovågsugn
la balanza de cocina
köksvåg
la tostadora
brödrost
el detergente
rengöringsmedel
el horno
ugn
el freezer
frys
el tacho de basura
soptunna
el lavaplatos
diskmaskin

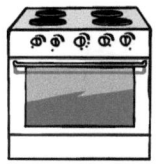

la cocina
spis

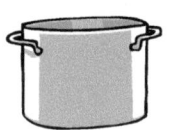

la olla
kastrull

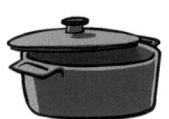

la olla de hierro fundido
järngryta

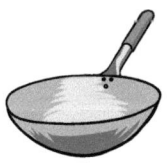

el wok
wok / kadai

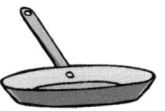

la sartén
stekpanna

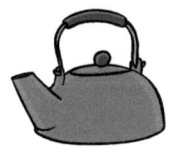

la pava
vattenkokare

la vaporera

ångkokare

la bandeja de horno

bakplåt

la vajilla

porslin

la taza

mugg

el bol

skål

los palitos

ätpinnar

el cucharón

soppslev

la espátula

stekspade

la batidora

visp

el colador

durkslag

el colador

sil

el rallador

rivjärn

el mortero

mortel

la parrilla

grill

la fogata

brasa

la tabla de picar

skärbräda

el palo de amasar

kavel

el sacacorchos

korkskruv

la lata

burk

el abrelatas

burköppnare

la manopla

grytlapp

la pileta

vask

el cepillo

borste

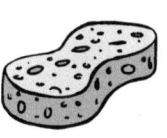

la esponja

svamp

la batidora

mixer

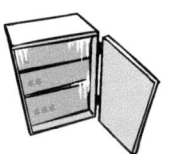

el congelador

frys

la mamadera

nappflaska

la canilla

kran

el baño
badrum

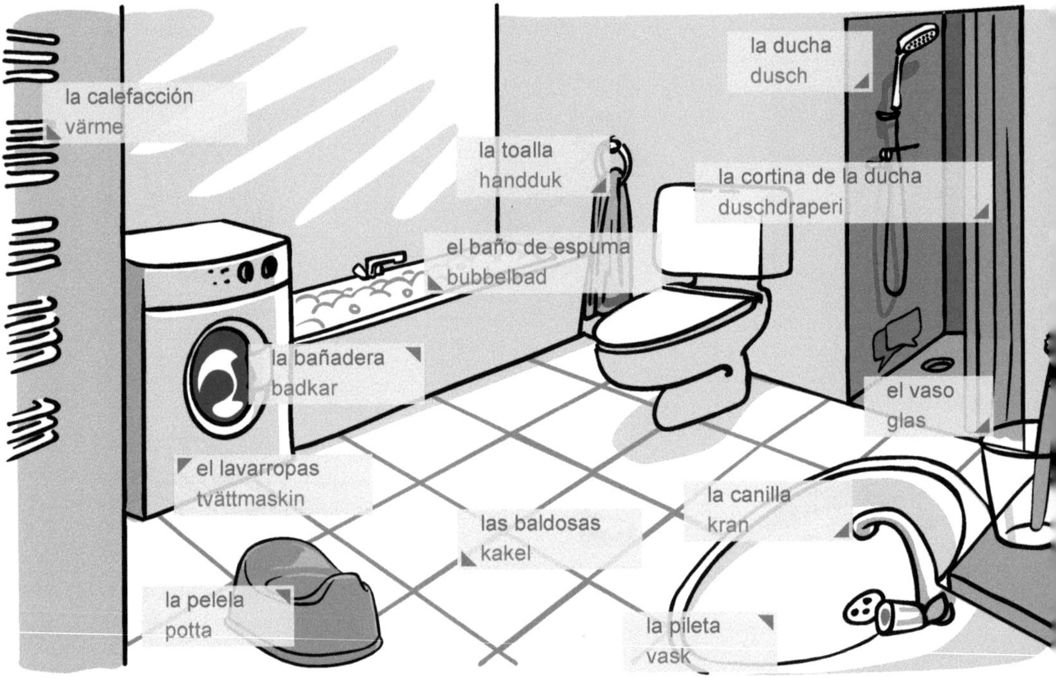

la calefacción
värme
la ducha
dusch
la toalla
handduk
la cortina de la ducha
duschdraperi
el baño de espuma
bubbelbad
la bañadera
badkar
el vaso
glas
el lavarropas
tvättmaskin
la canilla
kran
las baldosas
kakel
la pelela
potta
la pileta
vask

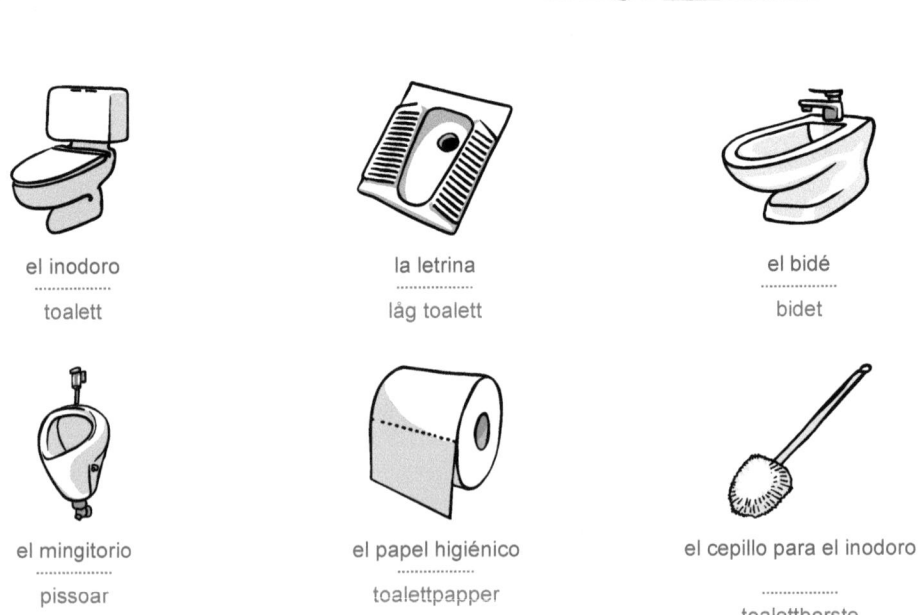

el inodoro

toalett

la letrina

låg toalett

el bidé

bidet

el mingitorio

pissoar

el papel higiénico

toalettpapper

el cepillo para el inodoro

toalettborste

el cepillo de dientes

tandborste

el dentífrico

tandkräm

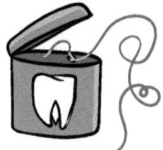

el hilo dental

tandtråd

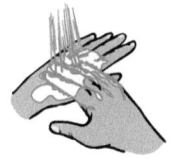

lavar

tvätta

la ducha de mano

handdusch

la ducha higiénica

intimdusch

la palangana

handfat

el cepillo para la espalda

ryggborste

el·jabón

tvål

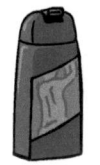

el gel de ducha

duschgel

el shampoo

schampo

la toallita

trasa

el desagüe

avlopp

la crema

crème

el desodorante

deodorant

el espejo

spegel

el espejito

handspegel

la maquinita de afeitar

rakhyvel

la espuma de afeitar

raklödder

el aftershave

rakvatten

el peine

kam

el cepillo

borste

el secador de pelo

hårtork

el spray

hårspray

el maquillaje

smink

el lápiz de labios

läppstift

el esmalte para uñas

nagellack

el algodón

bomullsvadd

la tijera para uñas

nagelsax

el perfume

parfym

el portacosméticos

necessär

la banqueta

pall

la balanza

våg

la bata

badrock

los guantes de goma

gummihandskar

el tampón

tampong

la toallita femenina

binda

el baño químico

kemisk toalett

el cuarto de los chicos

barnrum

el despertador
väckarklocka
el peluche
gosedjur
el coche de juguete
leksaksbil
el sonajero
skallra
la casa de muñecas
dockhus
el regalo
present

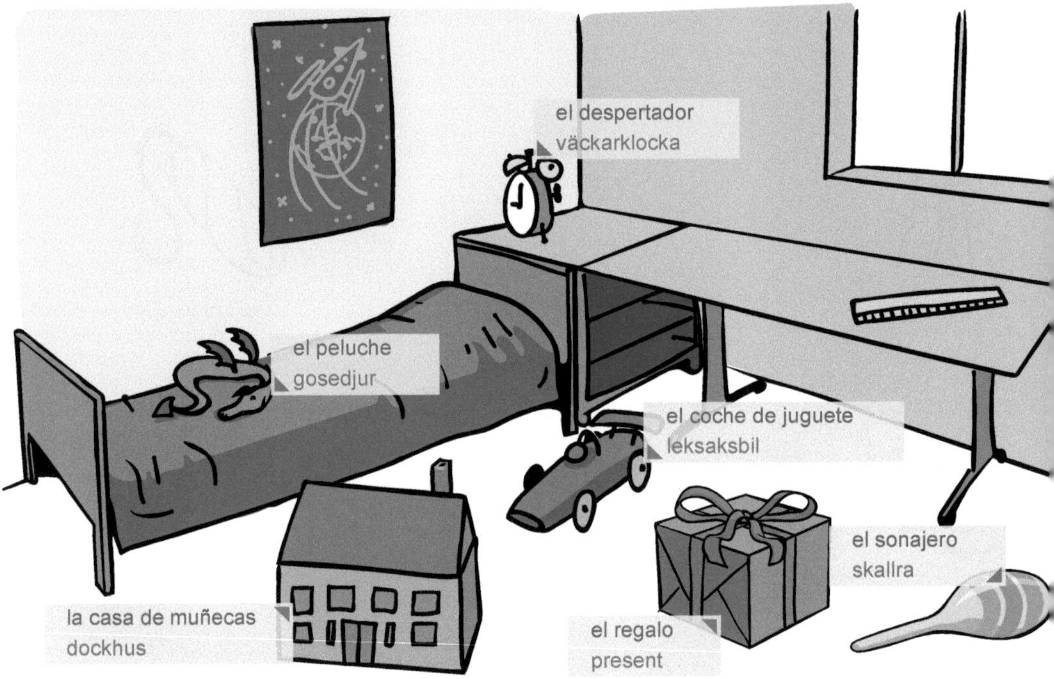

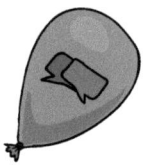

el globo

ballong

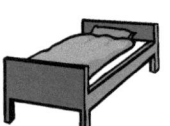

la cama

säng

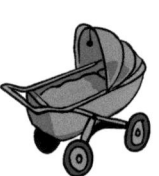

el cochecito

barnvagn

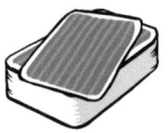

las cartas

kortlek

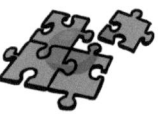

el rompecabezas

pussel

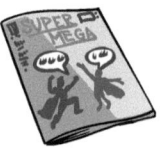

la historieta

serietidning

las piezas de lego

legobitar

los ladrillos de juguete

klossar

la figura de acción

actionfigur

el enterito (de bebé)

sparkdräkt

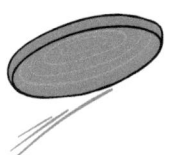

el frisbee

frisbee

el móvil para bebés

mobil

el juego de mesa

brädspel

los dados

tärning

el tren eléctrico

modelljärnväg

el chupete

napp

la fiesta

party

el libro de cuentos ilustrado

bilderbok

la pelota

boll

la muñeca

docka

jugar

spela

el arenero
sandlåda

la hamaca
gunga

los juguetes
leksaker

la consola de videojuegos
spelkonsol

el triciclo
trehjuling

el osito de peluche
nalle

el armario
garderob

la ropa
kläder

las medias
sockar

las medias panty
strumpor

las calzas
tights

la bufanda
halsduk

el paraguas
paraply

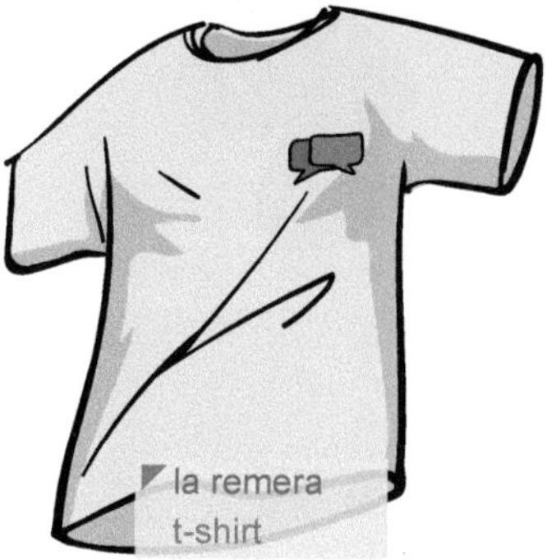

la remera
t-shirt

el cinturón
bälte

las botas
stövlar

las pantuflas
tofflor

las zapatillas
sneakers

las sandalias
sandaler

los zapatos
skor

las botas de goma
gummistövlar

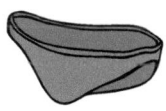
la ropa interior
underbyxor

el corpiño
BH

el chaleco
linne

el body
body

los pantalones
byxor

los jeans
jeans

la pollera
kjol

la blusa
blus

la camisa
skjorta

el pulóver
pullover

el buzo
sweater

el blazer
blazer

la campera
jacka

el tapado
kappa

el piloto
regnjacka

el traje
dräkt

el vestido
klänning

el vestido de novia
bröllopsklänning

el traje

kostym

el camisón

nattlinne

el pijama

pyjamas

el sari

sari

el pañuelo para la cabeza

slöja

el turbante

turban

la burka

burka

el caftán

kaftan

la abaya

abaya

el traje de baño

baddräkt

el short de baño

badbyxor

los shorts

shorts

el jogging

träningsoverall

el delantal

förkläde

los guantes

handskar

el botón

knapp

los anteojos

glasögon

la pulsera

armband

el collar

halsband

el anillo

ring

el aro

örhänge

la gorra

mössa

la percha

galge

el sombrero

hatt

la corbata

slips

el cierre

dragkedja

el casco

hjälm

los tiradores

hängslen

el uniforme escolar

skoluniform

el uniforme

uniform

el babero

haklapp

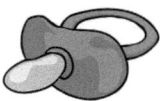

el chupete

napp

el pañal

blöja

la oficina
kontor

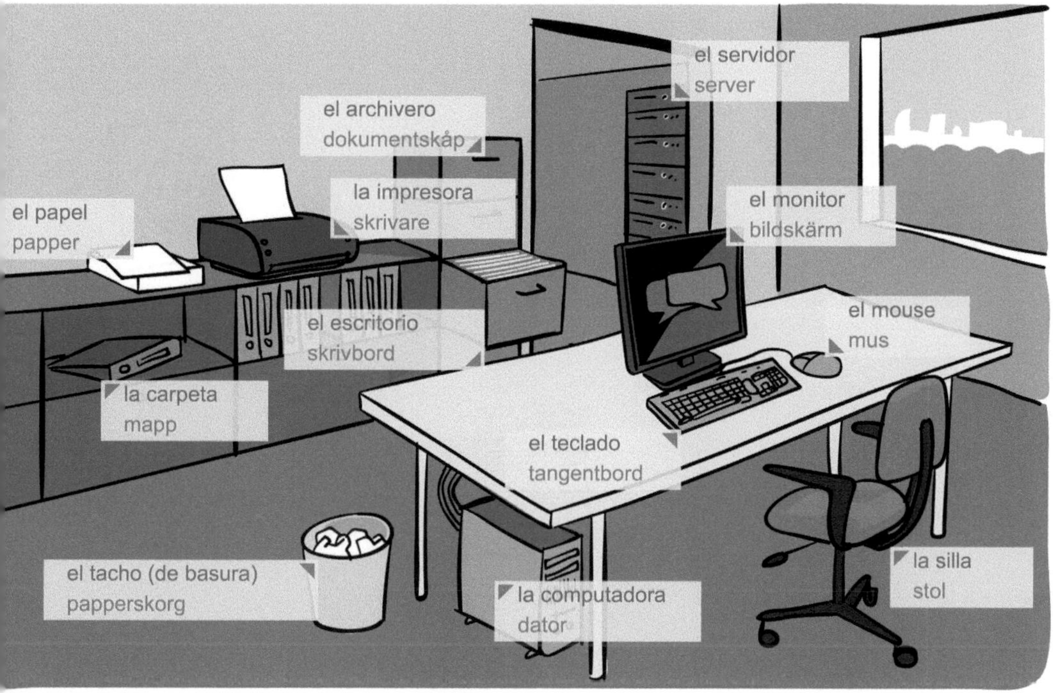

el servidor
server

el archivero
dokumentskáp

la impresora
skrivare

el papel
papper

el monitor
bildskärm

el escritorio
skrivbord

el mouse
mus

la carpeta
mapp

el teclado
tangentbord

el tacho (de basura)
papperskorg

la silla
stol

la computadora
dator

la taza de café

kaffemugg

la calculadora

miniräknare

el internet

internet

la laptop

bärbar dator

la carta

brev

el mensaje

meddelande

el celular

mobiltelefon

la red

nätverk

la fotocopiadora

kopieringsapparat

el software

programvara

el teléfono

telefon

el tomacorriente

vägguttag

el fax

fax

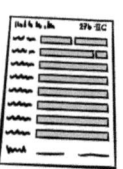

el formulario

blankett

el documento

dokument

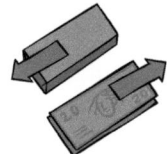

comprar

köpa

pagar

betala

hacer negocios

handla

el dinero

pengar

el dólar

dollar

el euro

euro

el yen

yen

el rublo

rubel

el franco suizo

schweizisk franc

el yuan

renminbi yan

la rupia

rupie

el cajero automático

bankomat

la casa de cambio

växelkontor

el oro

guld

la plata

silver

el petróleo

olja

la energía

energi

el precio

pris

el contrato

kontrakt

el impuesto

skatt

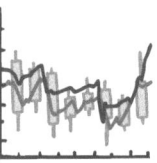

la acción

aktie

trabajar

arbeta

el empleado

anställd

el empleador

arbetsgivare

la fábrica

fabrik

el negocio

affär

las ocupaciones
yrken

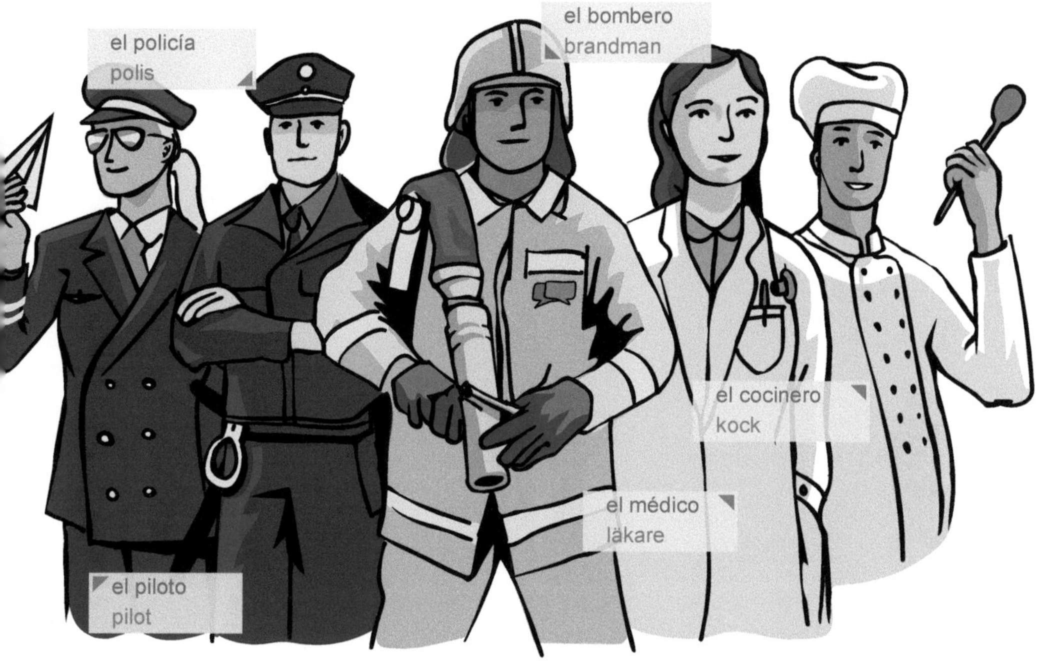
el bombero
brandman
el policía
polis
el cocinero
kock
el médico
läkare
el piloto
pilot

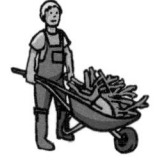

el jardinero

trädgårdsmästare

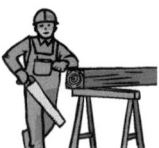

el carpintero

snickare

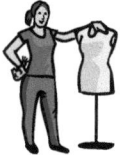

la modista

sömmerska

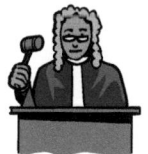

el juez

domare

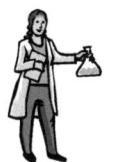

el farmacéutico

kemist

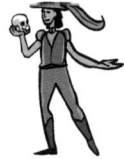

el actor

skådespelare

el colectivero

busschaufför

el taxista

taxichaufför

el pescador

fiskare

la mucama

städerska

el techista

takläggare

el mozo

servitör

el cazador

jägare

el pintor

målare

el panadero

bagare

el electricista

elektriker

el albañil

byggarbetare

el ingeniero

ingenjör

el carnicero

slaktare

el plomero

rörmokare

el cartero

brevbärare

el soldado

soldat

el arquitecto

arkitekt

el cajero

kassör

el florista

florist

el peluquero

frisör

el cobrador

konduktör

el mecánico

mekaniker

el capitán

kapten

el dentista

tandläkare

el científico

vetenskapsman

el rabino

rabbin

el imán

imam

el monje

munk

el sacerdote

präst

las herramientas
verktyg

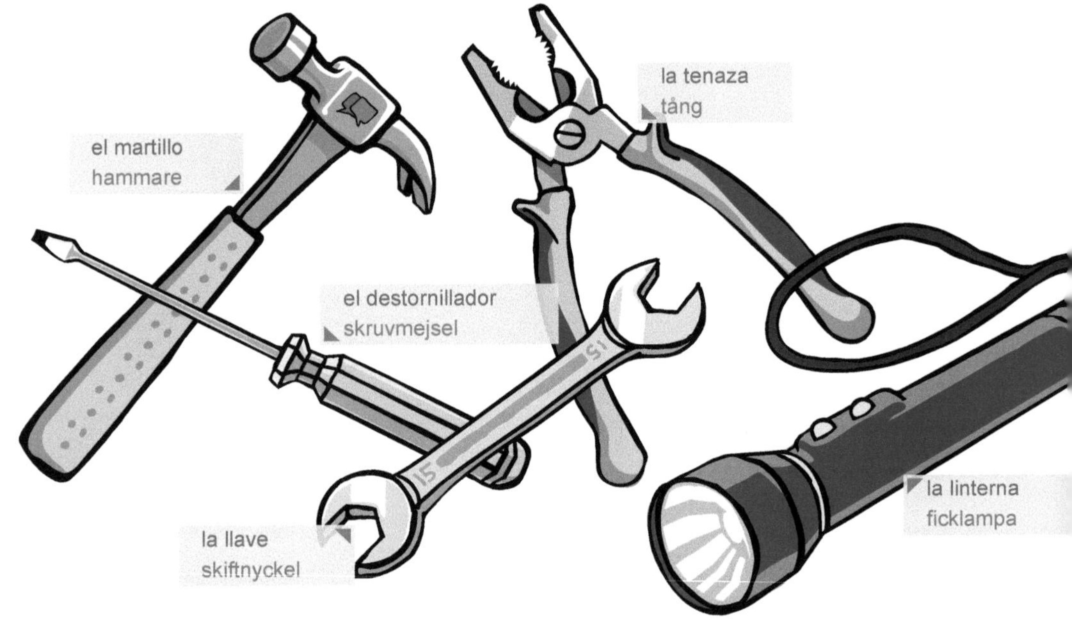

el martillo
hammare
la tenaza
tång
el destornillador
skruvmejsel
la llave
skiftnyckel
la linterna
ficklampa

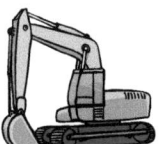

la excavadora

grävmaskin

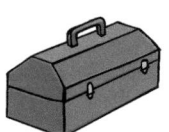

la caja de herramientas

verktygslåda

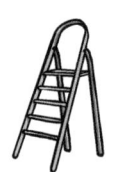

la escalera portátil

stege

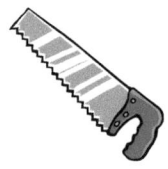

la sierra

såg

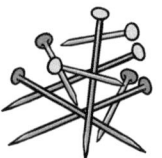

los clavos

spik

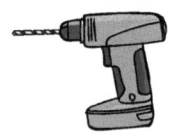

el taladro

borr

arreglar

reparera

la pala de jardín

spade

¡Qué bronca!

Helvete!

la pala de plástico

sopskyffel

el tacho de pintura

färgburk

los tornillos

skruvar

los instrumentos musicales
musikinstrument

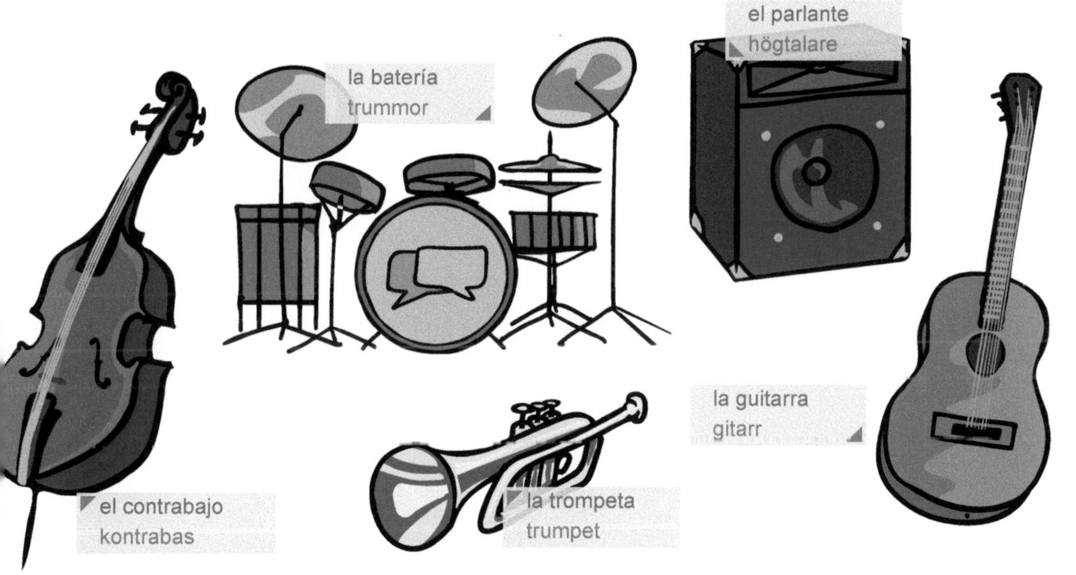

el parlante
högtalare

la batería
trummor

la guitarra
gitarr

el contrabajo
kontrabas

la trompeta
trumpet

el piano

piano

el violín

violin

el bajo

bas

los timbales

timpani

el tambor

trumma

el teclado

keyboard

el saxofón

saxofon

la flauta

flöjt

el micrófono

mikrofon

el zoológico

zoo

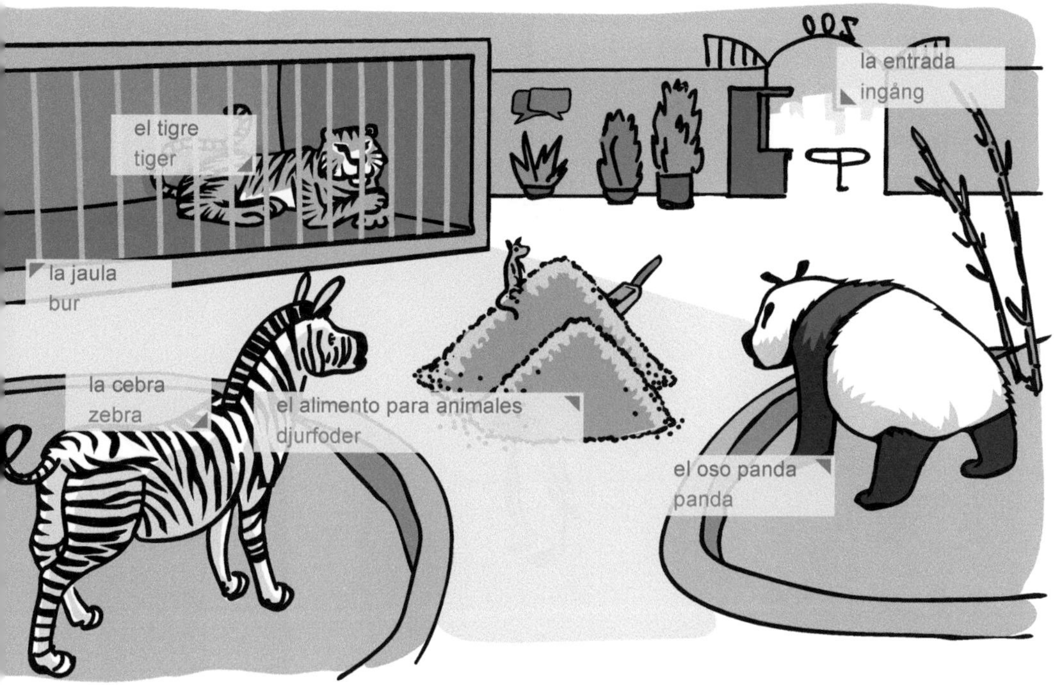

el tigre
tiger
la entrada
ingång
la jaula
bur
la cebra
zebra
el alimento para animales
djurfoder
el oso panda
panda

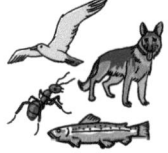

los animales

djur

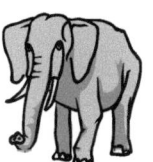

el elefante

elefant

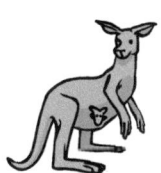

el canguro

känguru

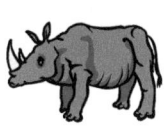

el rinoceronte

noshörning

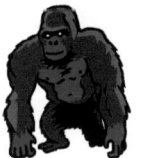

el gorila

gorilla

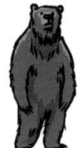

el oso

björn

el camello

kamel

el avestruz

struts

el león

lejon

el mono

apa

el flamenco

flamingo

el loro

papegoja

el oso polar

isbjörn

el pingüino

pingvin

el tiburón

haj

el pavo real

påfågel

la serpiente

orm

el cocodrilo

krokodil

el cuidador del zoológico

djurskötare

la foca

säl

el jaguar

jaguar

el poni

ponny

el leopardo

leopard

el hipopótamo

flodhäst

la jirafa

giraff

el águila

örn

el jabalí

vildsvin

el pescado

fisk

la tortuga

sköldpadda

la morsa

valross

el zorro

räv

la gacela

gazell

el fútbol americano
amerikansk fotboll

el ciclismo
cykling

el tenis
tennis

el básquet
basket

la natación
simning

el boxeo
boxning

el hockey sobre hielo
ishockey

el fútbol
fotboll

el bádminton
badminton

el atletismo
friidrott

el handball
handboll

el esquí
skidåkning

el polo
polo

las actividades
aktiviteter

reír
skratta
saltar
hoppa
abrazar
krama
caminar
gå
cantar
sjunga
soñar
drömma
rezar
be
besar
kyssa

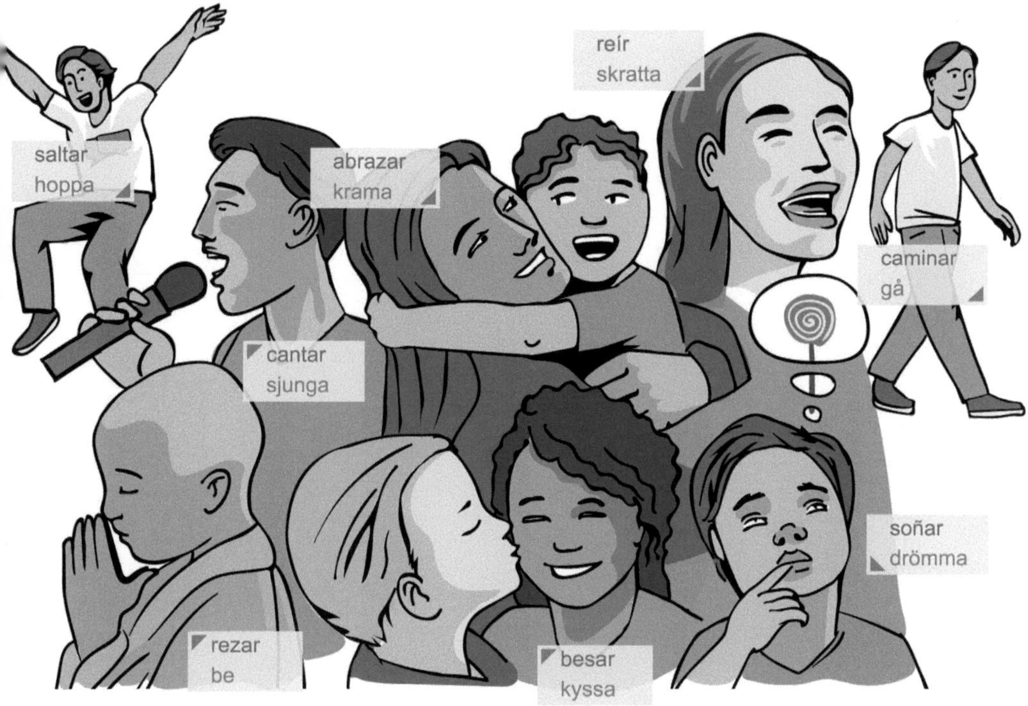

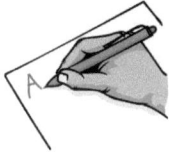

escribir
skriva

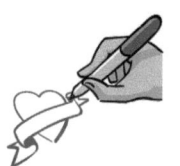

dibujar
rita

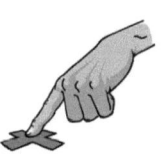

mostrar
visa

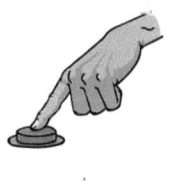

presionar
skjuta

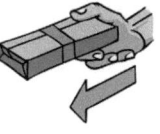

dar
ge

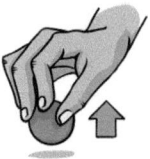

tomar
ta

tener

hagel

hacer

göra

ser

vara

estar parado

stå

correr

springa

tirar

dra

tirar

kasta

caer

falla

estar acostado

ligga

esperar

vänta

llevar

bära

estar sentado

sitta

vestirse

klä på

dormir

sova

despertar

vakna

mirar

se på

llorar

gråta

acariciar

smeka

peinar

kamma

hablar

prata

entender

förstå

preguntar

fråga

escuchar

höra

beber

dricka

comer

äta

ordenar

städa

amar

älska

cocinar

laga mat

manejar

köra

volar

flyga

navegar

segla

calcular

räkna

leer

läsa

aprender

lära sig

trabajar

arbeta

casarse

gifta sig

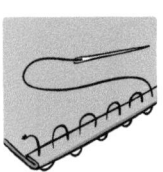

coser

sy

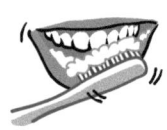

cepillarse los dientes

borsta tänderna

matar

döda

fumar

röka

enviar

skicka

la familia

familj

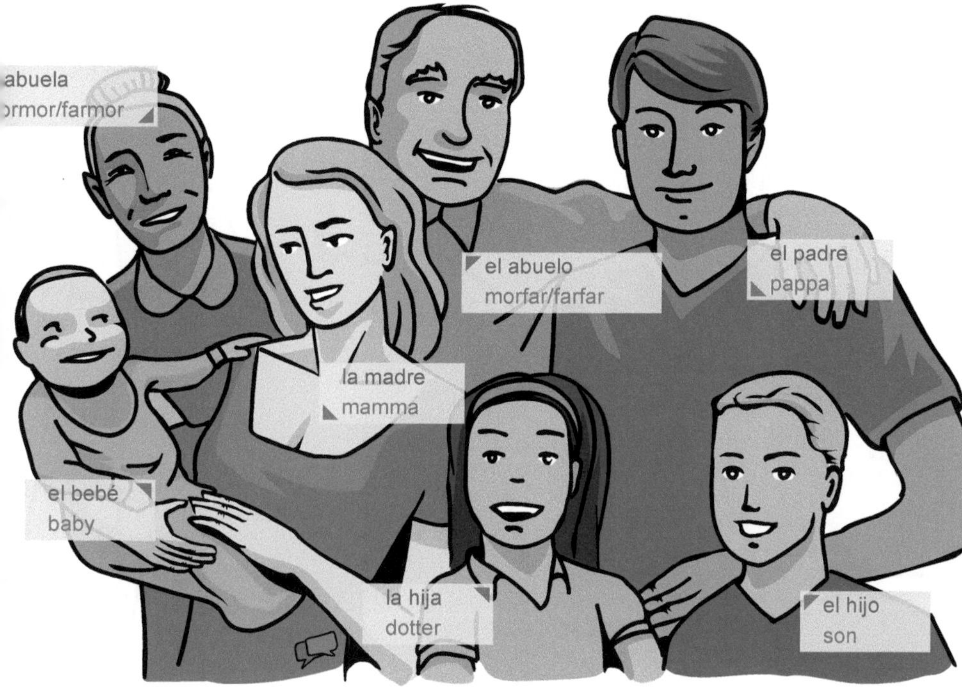
abuela
rmor/farmor
el abuelo
morfar/farfar
el padre
pappa
la madre
mamma
el bebé
baby
la hija
dotter
el hijo
son

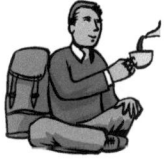

el invitado

gäst

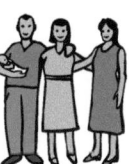

la tía

moster/faster

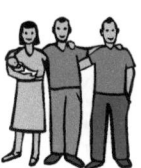

el tío

farbror/morbror

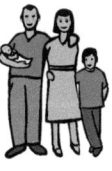

el hermano

bror

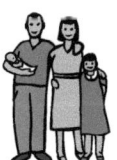

la hermana

syster

el cuerpo

kropp

la frente
panna
el ojo
öga
el hombro
skuldra
el dedo
finger
la cara
ansikte
la pera
haka
la mano
hand
la pierna
ben
el pecho
bröst
el brazo
arm

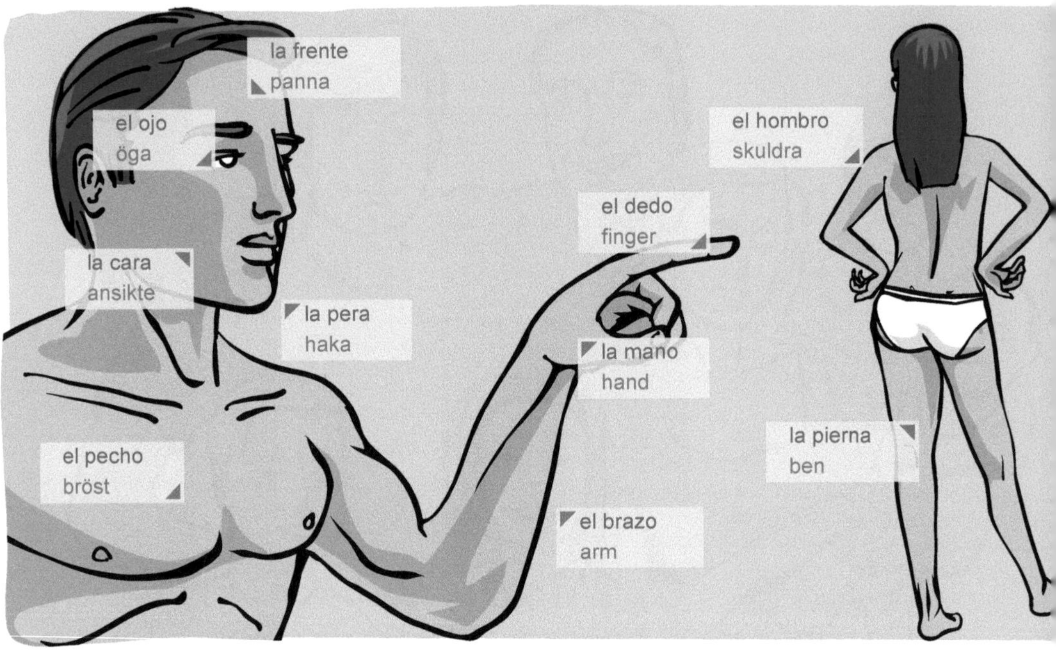

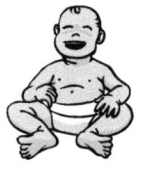

el bebé

baby

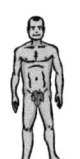

el hombre

man

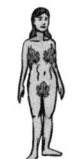

la mujer

kvinna

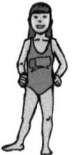

la nena

flicka

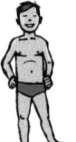

el nene

pojke

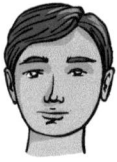

la cabeza

huvud

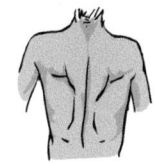

la espalda

rygg

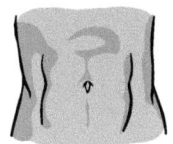

la panza

mage

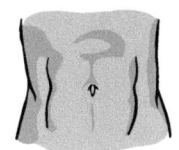

el ombligo

navel

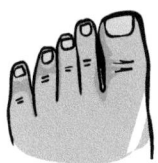

el dedo del pie

tå

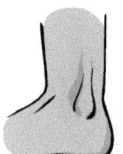

el talón

häl

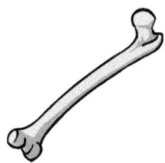

el hueso

ben

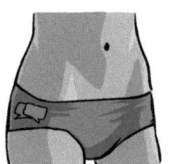

la cadera

höft

la rodilla

knä

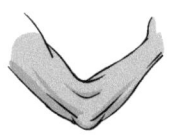

el codo

armbåge

la nariz

näsa

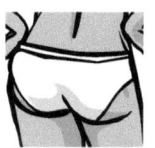

la cola

stjärt

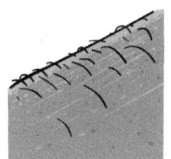

la piel

hud

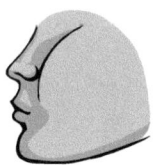

el cachete

kind

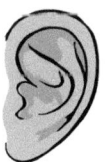

la oreja

öra

el labio

läpp

la boca

mun

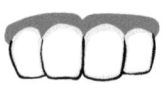

el diente

tand

la lengua

tunga

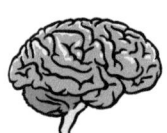

el cerebro

hjärna

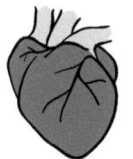

el corazón

hjärta

el músculo

muskel

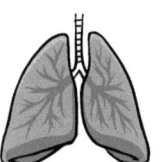

el pulmón

lunga

el hígado

lever

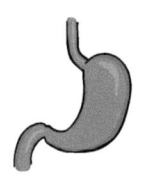

el estómago

magsäck

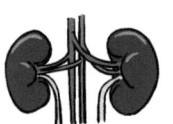

los riñones

njurar

el sexo

sex

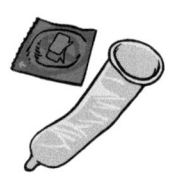

el preservativo

kondom

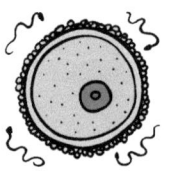

el óvulo

äggcell

el semen

sperma

el embarazo

graviditet

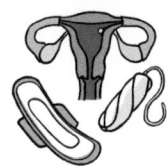

la menstruación
menstruation

la vagina
vagina

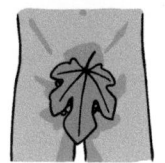

el pene
penis

la ceja
ögonbryn

el pelo
hår

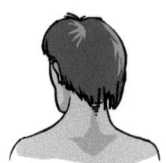

el cuello
nacke

el hospital
sjukhus

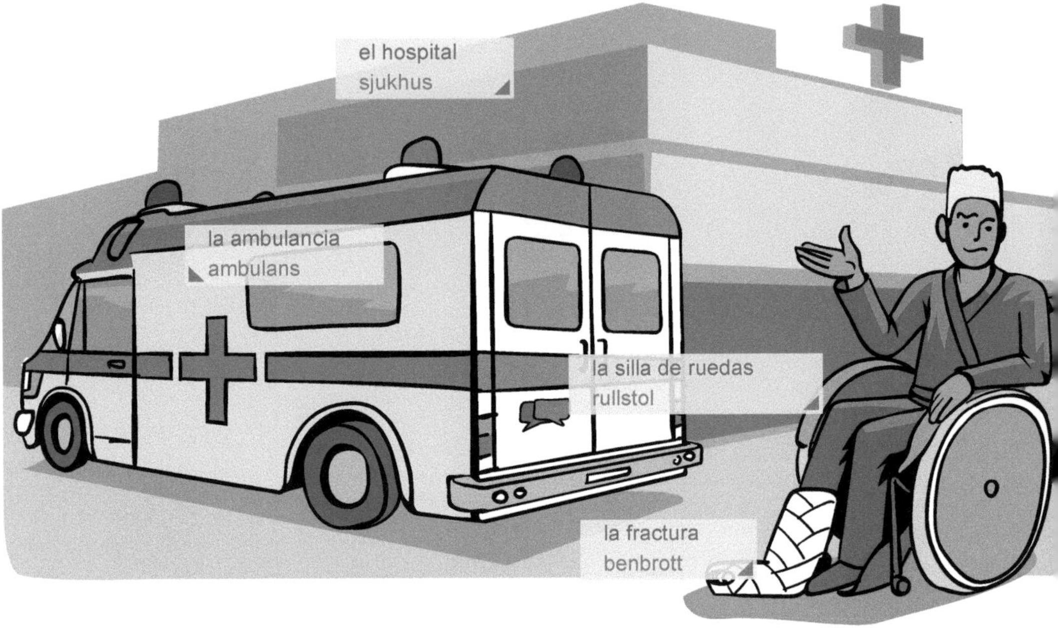

el hospital
sjukhus
la ambulancia
ambulans
la silla de ruedas
rullstol
la fractura
benbrott

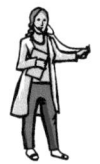

el médico

läkare

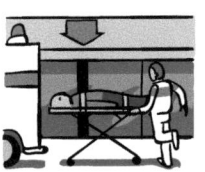

la sala de guardia

akutmottagning

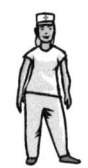

la enfermera

sjuksköterska

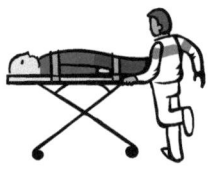

la emergencia

nödsituation

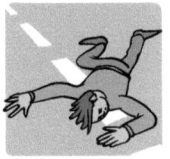

inconsciente

medvetslös

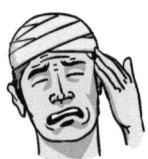

el dolor

smärta

la lesión
skada

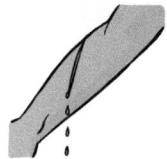

la hemorragia
blödning

el infarto
hjärtattack

el ACV
slaganfall

la alergia
allergi

la tos
hosta

la fiebre
feber

la gripe
influensa

la diarrea
diarré

el dolor de cabeza
huvudvärk

el cáncer
cancer

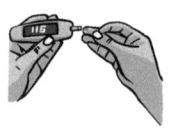

la diabetes
diabetes

el cirujano
kirurg

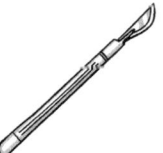

el bisturí
skalpell

la operación
operation

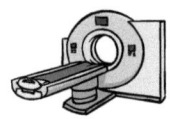

la TC
CT

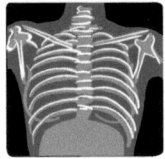

los rayos x
röntgen

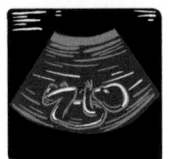

la ecografía
ultraljud

el barbijo
ansiktsmask

la enfermedad
sjukdom

la sala de espera
väntsal

la muleta
krycka

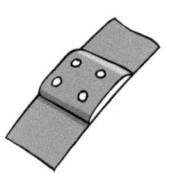

la curita
plåster

la venda
bandage

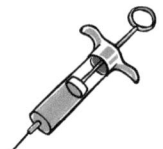

la inyección
injektion

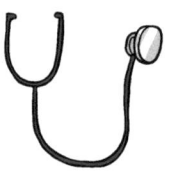

el estetoscopio
stetoskop

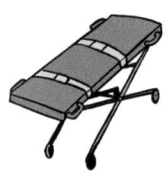

la camilla
bår

el termómetro
termometer

el nacimiento
födsel

el sobrepeso
övervikt

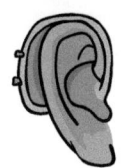

el audífono

hörapparat

el desinfectante

desinfektionsmedel

la infección

infektion

el virus

virus

el VIH / SIDA

HIV / AIDS

el remedio

medicin

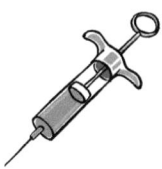

la vacunación

vaccination

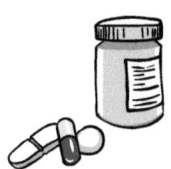

los comprimidos

tabletter

la pastilla anticonceptiva

p-piller

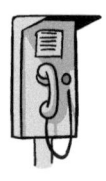

llamada de emergencia

nödsamtal

el tensiómetro

blodtrycksmätare

enfermo / sano

sjuk / frisk

¡Ayuda!

Hjälp!

la alarma

alarm

la agresión

överfall

el ataque

misshandel

el peligro

fara

la salida de emergencia

nödutgång

¡Fuego!

Det brinner!

el matafuego

brandsläckare

el accidente

olycka

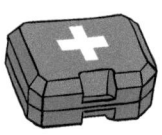

el botiquín de primeros auxilios

förbandslåda

el SOS

SOS

la policía

polis

Europa

Europa

América del Norte

Nordamerika

América del Sur

Sydamerika

África

Afrika

Asia

Asien

Australia

Australien

el Atlántico

Atlanten

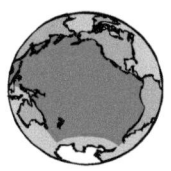

el Pacífico

Stilla Havet

el Océano Índico

Indiska Oceanen

el Océano Antártico

Antarktiska Oceanen

el Océano Ártico

Arktiska Oceanen

el polo norte

Nordpol

el polo sur
Sydpol

la Antártida
Antarktis

la Tierra
Jorden

la tierra
land

el mar
hav

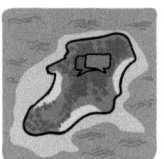

la isla
ö

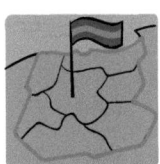

la nación
nation

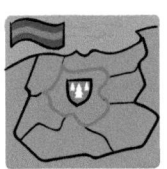

el estado
stat

la esfera

urtavla

la manecilla de las horas

timvisare

el minutero

minutvisare

el segundero

sekundvisare

¿Qué hora es?

Vad är klockan?

el día

dag

la hora

tid

ahora

nu

el reloj digital

digital klocka

el minuto

minut

la hora

timme

la semana

vecka

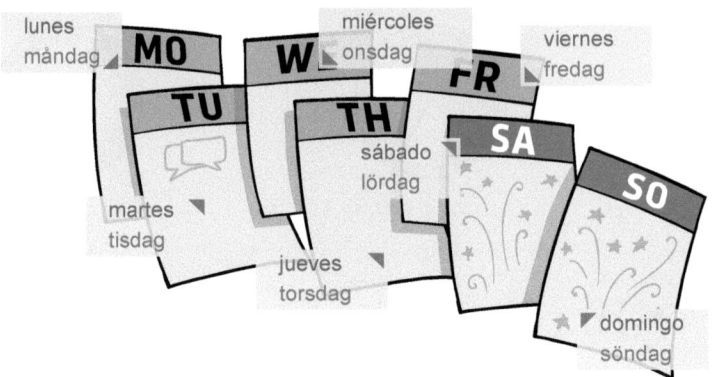

ayer
igår

hoy
idag

mañana
imorgon

la mañana
morgon

el mediodía
middag

la tarde
kväll

los días hábiles
vardagar

el fin de semana
helg

el año
år

el arco iris
regnbåge
la lluvia
regn
la nieve
snö
el viento
vind
la primavera
vår
el otoño
höst
el verano
sommar
el invierno
vinter

4.APRIL 11°
5.APRIL 4°
6.APRIL 13°
7.APRIL 8°
8.APRIL 10°

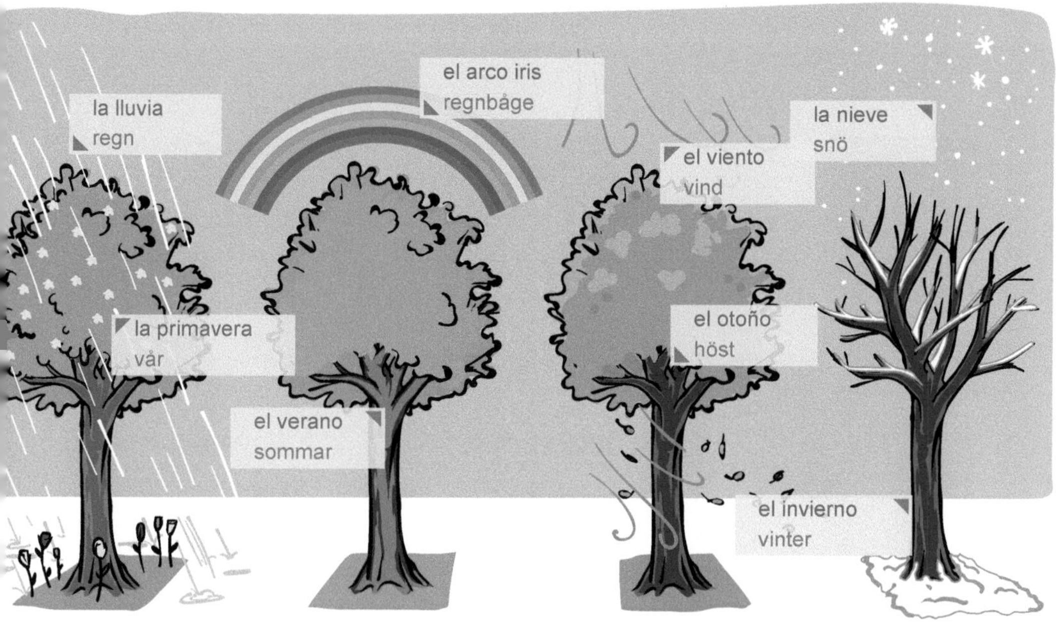

pronóstico meteorológico

väderprognos

F C
120 40
90 30
60 20
30 10
0 0
-30 -10
-20

el termómetro

termometer

la luz del sol

solsken

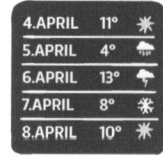

la nube

moln

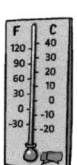

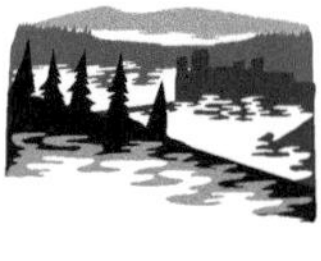

la niebla

dimma

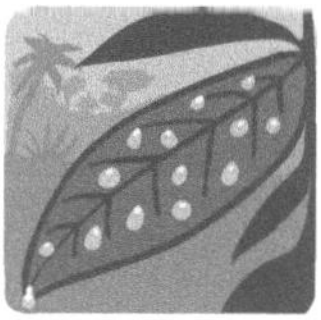

la humedad

luftfuktighet

el rayo

blixt

el trueno

åska

la tormenta

storm

el granizo

hagel

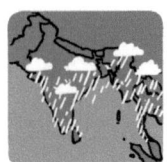

el monzón

monsun

la inundación

översvämning

el hielo

is

enero

januari

febrero

februari

marzo

mars

abril

april

mayo

maj

junio

juni

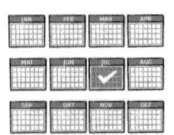

julio

juli

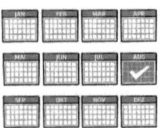

agosto

augusti

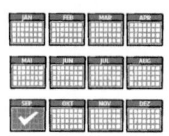

septiembre

september

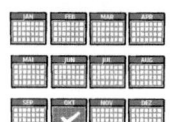

octubre

oktober

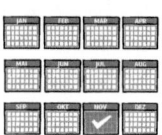

noviembre

november

diciembre

december

las formas
former

el círculo

cirkel

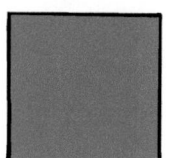

el cuadrado

kvadrat

el rectángulo

rektangel

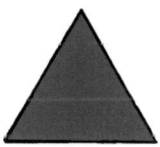

el triángulo

triangel

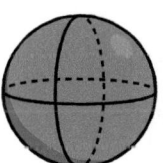

la esfera

sfär

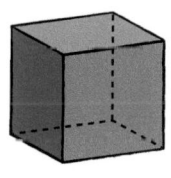

el cubo

kub

blanco
vit

amarillo
gul

naranja
orange

rosa
rosa

rojo
röd

violeta
lila

azul
blå

verde
grön

marrón
brun

gris
grå

negro
svart

mucho / poco

mycket / lite

enojado / tranquilo

arg / lugn

lindo / feo

vacker / ful

el principio / el fin

början / slut

grande / chico

stor / liten

claro / oscuro

ljus / mörk

l hermano / la hermana

bror / syster

limpio / sucio

ren / smutsig

completo / incompleto

komplett / ofullständig

el día / la noche

dag / natt

muerto / vivo

död / levande

ancho / angosto

bred / smal

comestible / no comestible

ätlig / oätlig

malo / amable

ond / god

entusiasmado / aburrido

upphetsad / uttråkad

gordo / flaco

tjock / smal

primero / último

först / sist

el amigo / el enemigo

vän / fiende

lleno / vacío

full / tom

duro / blando

hård / mjuk

pesado / liviano

tung / lätt

el hambre / la sed

hunger / törst

enfermo / sano

sjuk / frisk

ilegal / legal

olaglig / laglig

inteligente / estúpido

intelligent / dum

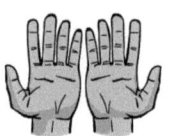

izquierda / derecha

vänster / höger

cerca / lejos

nära / långt bort

nuevo / usado

ny / begagnad

nada / algo

inget / något

viejo / joven

gammal / ung

encendido / apagado

på / av

abierto / cerrado

öppen / stängd

silencioso / ruidoso

tyst / högljudd

rico / pobre

rik / fattig

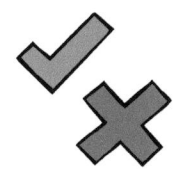

correcto / incorrecto

rätt / fel

áspero / suave

grov / slät

triste / contento

ledsen / glad

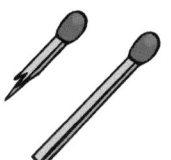

corto / largo

kort / lång

lento / rápido

långsam / snabb

mojado / seco

våt / torr

caliente / frío

varm / sval

guerra / paz

krig / fred

siffror

0

cero
noll

1

uno
ett

2

dos
två

3

tres
tre

4

cuatro
fyra

5

cinco
fem

6

seis
sex

7

siete
sju

8

ocho
åtta

9

nueve
nio

10

diez
tio

11

once
elva

12
doce
tolv

13
trece
tretton

14
catorce
fjorton

15
quince
femton

16
dieciséis
sexton

17
diecisiete
sjutton

18
dieciocho
arton

19
diecinueve
nitton

20
veinte
tjugo

100
cien
hundra

1.000
mil
tusen

1.000.000
el millón
miljon

los idiomas

språk

el inglés
engelska

el inglés americano
amerikansk engelska

el chino mandarín
kinesisk mandarin

el hindi
hindi

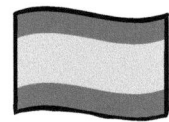

el español
spanska

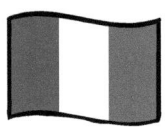

el francés
franska

el árabe
arabiska

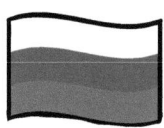

el ruso
ryska

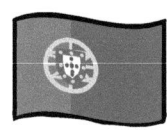

el portugués
portugisiska

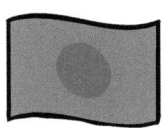

el bengalí
bengali

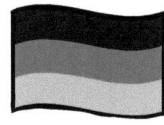

el alemán
tyska

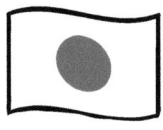

el japonés
japanska

yo

jag

vos

du

él / ella

han / hon / den (det)

nosotros

vi

ustedes

ni

ellos

de

¿quién?

vem?

¿qué?

vad?

¿cómo?

hur?

¿dónde?

var?

¿cuándo?

när?

el nombre

namn

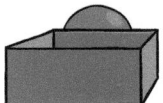

detrás

bakom

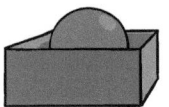

en

i

adelante de

framför

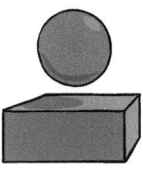

por encima de

över

sobre

på

debajo de

under

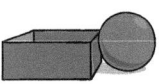

al lado de

bredvid

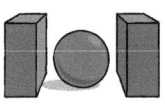

entre

mellan

el lugar

plats